开国领袖

与调查研究

学习时报编辑部／编

山东人民出版社·济南

国家一级出版社 全国百佳图书出版单位

图书在版编目（CIP）数据

开国领袖与调查研究/学习时报编辑部编.——济南:山东人民出版社，2021.11（2023.4 重印）

ISBN 978-7-209-13362-3

Ⅰ.①开… Ⅱ.①学… Ⅲ.①党和国家领导人－人物研究－中国 Ⅳ.①K827=7

中国版本图书馆CIP数据核字(2021)第178094号

开国领袖与调查研究

KAIGUO LINGXIU YU DIAOCHA YANJIU

学习时报编辑部　编

主管单位　山东出版传媒股份有限公司
出版发行　山东人民出版社
出 版 人　胡长青
社　　址　济南市市中区舜耕路517号
邮　　编　250003
电　　话　总编室（0531）82098914
　　　　　市场部（0531）82098027
网　　址　http://www.sd-book.com.cn
印　　装　山东新华印务有限公司
经　　销　新华书店

规　　格　32开（148mm×210mm）
印　　张　4.375
字　　数　38千字
版　　次　2021年11月第1版
印　　次　2023年4月第3次
ISBN 978-7-209-13362-3
定　　价　39.00元
　　　　　如有印装质量问题，请与出版社总编室联系调换。

学习时报文选编委会

许宝健　　丁茂战　　焦　利

胡　敏　　熊若愚　　何忠国

蒲　实　　石　伟　　吴　青

本书主编：许宝健

副 主 编：熊若愚　　石　伟

前　言

习近平总书记强调，要在全党大兴调查研究之风。毛泽东、周恩来、刘少奇、朱德、邓小平、陈云等老一辈革命家是调查研究的典范，他们深入实际、深入群众调查研究的精神以及方法值得今天领导干部学习和借鉴。

——编　者

目　录

毛泽东

与 调 查 研 究

毛泽东

"没有调查，没有发言权。"

"要有正确的措施，就要做调查研究工作。"

可以说，我们党的调查研究传统和作风，是在毛泽东的倡导下形成和发展起来的。

★　★　★

　　毛泽东一生对调查研究极其重视，认为"调查研究极为重要"，并给我们留下了许多影响深远的著名论断，如："没有调查，没有发言权""做领导工作的人要依靠自己亲身的调查研究去解决问题""调查就像'十月怀胎'，解决问题就像'一朝分娩'。调查就是解决问题""凡是没有办法的时候，就去调查研究""要有正确的措施，就要做调查研究工作""没有调查研究，是不能产生正确的具体政策的""今天

★ 马克思主义经典作家重视调查研究的经验做法对中国共产党人产
生了深远影响，毛泽东青年时期就把调查研究作为改造中国的起
点，并将之贯穿自己的一生。图为湖南省长沙市橘子洲头青年
毛泽东塑像

FOTOE / 海峰

需要我们调查，将来我们的儿子、孙子，也要作调查，然后，才能不断地认识新的事物，获得新的知识"等等。可以说，我们党的调查研究传统和作风，是在毛泽东的倡导下形成和发展起来的。

毛泽东本人就是调查研究的行家和高手，他在极其繁重的革命和建设工作中，亲自做过或组织过无数次深入细致的调查。我们仅仅从下面几次集中调查中，便可以看出毛泽东是如何做调查研究的。

战争年代，作了大量的调查并亲自撰写调查报告，提出"没有调查，没有发言权"等著名论断，把调查作为"决定政策的基础"。

仅在 20 世纪二三十年代的土地革命时期，毛

泽东就在农村专门做过十几个系统的调查。对在
严酷革命战争环境下所做过的调查研究工作以及
形成的调查报告，毛泽东有着极为深刻的记忆。

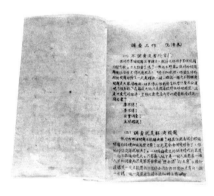

★　1930年5月，毛泽东为反对当时红军中存在的教条主义思想专
门写了《调查工作》一文，提出"没有调查，没有发言权"的著
名论断。该文后改名为《反对本本主义》。《反对本本主义》是毛
泽东阐述调查研究思想的经典之作

但由于条件和环境恶劣，一些调查报告损失了，毛泽东痛心地说："失掉别的任何东西，我不着急，失掉这些调查（特别是衡山、永新两个），使我时常念及，永久也不会忘记。"除了已经痛失的"永久也不会忘记"的调查报告以外，毛泽东还留下了一些有重要价值的调查报告。从这些调查活动和报告中，我们可以看出，毛泽东凡作调查，目的都非常明确，针对性也很强。调查期间都是亲自做记录，结束后又亲手撰写调查报告。

毛泽东早期留下的大量详尽的调查笔录和他自己整理的调查报告，是我们党的一笔巨大的财富。这些调查报告，长的达几万字，短的不足2000字。他写的《寻乌调查》，就有8万多字。也就是在作寻乌调查期间，毛泽东于1930年5月从理论上总结了调查研究与马克思主义世界观和方法论之间不可分割的关系，写下了《调查工作》一文，提出了许多重要的理论观点，其中最著名的是"没有调查，没有发言权""一切结论产生于调查情况的末尾，而不在它的先头"等论断。他还特别强调了"离开实际调查就要产生唯心的阶级估量和唯心的工作指导"等马克思主义观点，指明了只有调查研究才能产生马克思主义世界观的道理，明确提出了马克思主义理论必须同中国实际情况相结合的途径。1931 年 4 月，他又在起草一份关于调查工作的通知时提出两个响亮的口号："一，不做调查没有发言权。二，不做正确的调查同样没有发言权。"这一时期，随着调查研究的深入，以一切从实际出发、实事求是为精髓的

★ 寻乌调查是毛泽东在土地革命时期开展的规模最大的一次社会调
　查，也是第一次把重点放在城市的调查。图为毛泽东 1930 年 5
　月写的《寻乌调查》

FOTOE / 海峰

毛泽东思想也开始有了雏形和基础，中国共产党

人调查研究的理论和实践也开辟出正确途径。

到了延安时期，正是伴随着调查研究和解决

问题的步伐，毛泽东思想走向成熟。为了引导全党搞好调查研究，毛泽东花了几年工夫，尽其所有收集了自己以往有关农村调查的一些报告，编印了《农村调查》一书，其目的是"为了帮助同志们找一个研究问题的方法"。到1941年春天这本书即将付印的时候，他在序言中特别强调："必须明白：群众是真正的英雄，而我们自己则是幼稚可笑的。"并告诫党内，如果我们的同志"还保存着一种粗枝大叶、不求甚解的作风，甚至全然不了解下情，却在那里担负指导工作，这是异常危险的现象"。这年8月1日，中共中央专门发出了毛泽东起草的《中共中央关于调查研究的决定》，明确提出"系统的周密的社会调查，是决定政策的基础"。不久，毛泽东又进一步以战略家的

高瞻远瞩，发人深省地对党的高级干部说："不调
查不研究就不得了，就要亡国亡党亡头。"

在整个革命战争期间，由于毛泽东大力推动
全党搞调查研究等一系列活动，使党的整个作风
得到了根本好转，我们党也才能真正担负起民族
独立解放的历史重任。

20 世纪 50 年代开展"十大关系"调查，
开始全面探索社会主义建设规律，提出调研材
料不要"枯燥无味、千篇一律"，要"有骨有肉，
生动活泼"。

新中国成立后，中国共产党从局部执政走向
全国执政，面对的是一个全新的局面和更为复杂

★ 1931年11月中华苏维埃共和国临时中央政府在江西瑞金成立以后，毛泽东等人开始探索治理国家的经验，开展了长冈乡调查、才溪乡调查等大量调查研究工作。图为20世纪30年代的江西瑞金

FOTOE / 海峰

的世界，党内大多数同志情况不熟悉、能力不足和水平不够的危机加大。如何适应新形势、解决新问题？就在新中国成立的当月，针对当时的绥

远省有关干部在开展工作和搞生产建设过程中出现不了解情况、不懂业务和工作方法简单粗暴等问题，毛泽东说："我们有许多同志，对新情况、新事物不作调查研究，自己又不懂得，就在那里办事，不懂货就不识货，这怎么能办好事情呢？"他明确提出，我们的干部要"注意研究情况""懂得新的工作方法"。并进一步提醒党内干部说：现在共产党成了全国性的大党，我们有责任搞好各个方面的工作，否则会引起不满，会被人骂，甚至会被推翻。

在建设新中国的过程中，如何使我们的干部了解新情况、懂得社会主义建设规律，这是毛泽东思考最多的问题之一。到了1956年，为了摸清新中国成立以来各个方面所发生的新变化和出现的新问题，并为即将召开的党的八大作准备，毛泽东等中央主要领导同志进行了一次比较全面、系统、深入的调查研究。

毛泽东的调查研究活动历时两个多月，他先后听了 34 个部门的工作汇报。随后，他又用了 6 天时间，听取国家计委关于第二个五年计划的汇报。为进一步了解各地方的工业、运输、财贸等方面的情况，毛泽东和中共中央还要求各省、市、自治区党委从 10 个方面准备经济工作的汇报材料，并提出：汇报材料中"应当有形象的材料，有批评，有议论，有主张。不要枯燥无味，千篇一律""内容好，写得有骨有肉，生动活泼，不妨长一点，否则宜短，几千字也可以"。就是在这次集中调查研究的基础上，毛泽东先后在中央政治局扩大会议和最高国务会议上作了《论十大关系》的讲话，阐述了两个多月来中央进行调查研究的一些认识成果。毛泽东后来在谈到《论十大关系》中的重要思想是怎么形成的时，曾这样说过："那个十大关系怎么出来的呢？我在北京经过一个半月，每天谈一个部，找了 34 个部的同志谈话，逐步形成了那个十条。如果没有那些人谈话，那个十大关系怎么会形成呢？不可能形成。"这次调查，也是毛泽东在新中国成立后对经济工作进行的一次规模最大、时间最长的系统调查，成为我们党全面探索适合中国情况的社会主义建设道路的重要开端。

20 世纪 60 年代多次倡导全党"大兴调查研究之风",要求领导干部"没有把握就不要下决心"。

自开展"大跃进"和人民公社化运动后,高指标和"共产风"盛行,主观上的工作失误和客观上的严重自然灾害,导致进入 60 年代我国国民经济出现了前所未有的严重困难。在严峻的形势面前,毛泽东等中央领导人很快就意识到,"不明了情况是很危险的",原来的许多认识并不符合客观实际。当务之急是正确认识客观实际并对国民经济进行调整。怎样才能做到"情况明,决心大,方法对"呢?毛泽东认为,首要的甚至唯一的方法,是全党同志特别是党的领导干部下去搞调查研究。他说："我的经验历来如此，凡是忧愁没有办法的时候，就去调查研究，一经调查研究，办法就出来了，问题就解决了。"

为此，他三次号召全党大兴调查研究之风。第一次是1960年底至1961年初，在中央召开的工作会议上，毛泽东向全党发出号召说："请同志们回去后大兴调查研究之风，一切从实际出发，没有把握就不要下决心。"第二次是在随后召开的党的八届九中全会上，毛泽东提出，希望1961年"成为一个调查年，大兴调查研究之风"。第三次是1961年3月，在广州召开的中央工作会议上，毛泽东批评一些干部："大家做官了，不做调查研究了。"他还强调，"做领导工作的人要依靠自己亲身的调查研究去解决问题。书面报告也可以看，

★ 1961 年 1 月，党的八届九中全会在北京召开，决定对国民经济
实行"调整、巩固、充实、提高"的八字方针。毛泽东向全党发
出"大兴调查研究之风"的号召，要求 1961 年成为实事求是
年、调查研究年。图为毛泽东为中央党校题写的校训"实事求是"
照壁

中新图片／乐水

但是这跟自己亲身的调查是不相同的"。

在三次提倡全党大兴调查研究之风期间，毛泽东特别强调："现在我们中央搞的文件，如果没有具体措施也是不可能实现的。要有正确的措施，就要做调查研究工作。""一切从实际出发，不调查没有发言权，必须成为全党干部的思想和行动的首要准则。"

在毛泽东的号召下，20世纪60年代初，中央领导同志带头深入基层搞调查，留下了许多调查研究的精彩篇章，这对于摸清各方面实情，作出实事求是的正确调整，克服严重困难，起到了非常重要的作用。由毛泽东发起的这次全党大规模的调查研究活动，对转变党的作风、恢复实事求是的思想路线，有直接的推动作用；也为我们

★ 20世纪60年代,在毛泽东的号召下,广大党员干部深入基层
搞调查,践行全心全意为人民服务的根本宗旨。图为1963年7
月贵州省平坝县工作人员深入农村访贫问苦的场景

FOTOE / 林国志

党认识社会主义建设规律、作出科学决策、提高执政能力和领导水平，留下了宝贵的经验。

作者：杨明伟

与 调 查 研 究

周恩来

"我们下去调查，必须对事物进行分析、综合和比较。事物总存在内在的矛盾，要分别主次；总有几个侧面，要进行解剖。"

"调查研究，必须贯彻实事求是精神。"

周恩来带头深入实际调查研究，不仅使党的决策更加贴近实际，而且对推动全党调查研究之风的兴起，产生了重要影响。

★ ★ ★

2013 年，电影《周恩来的四个昼夜》风靡全国，荣获当年的金鸡奖和华表奖。这部电影讲述的是，周恩来来到河北省武安县伯延公社调查研究，在四个昼夜里同村民们朝夕相处，发生的一连串感人的故事。

1960 年 11 月 3 日，周恩来主持起草的《中共中央关于农村人民公社当前政策问题的紧急指示信》发出，中央指示至迟在 12 月中旬以前把

★ 在调查研究上，周恩来给各级领导干部树立了光辉榜样。他只要
一有机会便亲自深入第一线作调查研究。图为江苏省淮安市淮安
区周恩来同志故居

中新图片／褚福义

★ 新中国成立以后，周恩来虽然日理万机，但仍抽出时间深入基层
作调研。这些调研成果为他治国理政提供了重要参考。图为由周
恩来主持起草的《关于农村人民公社当前政策问题的紧急指
示信》

《紧急指示信》传达到农村中去，使中央的政策直接同群众见面。周恩来强调指出："其中要有意识地在同级党委中找持有不同意见的人参加。"然后再召开生产小队长以上的干部会议，吸收若干社员代表参加。"其中也要有持有不同意见的人参加。"

针对不断发展的形势，在 1961 年 1 月 13 日的中央工作会议上，毛泽东大声疾呼："这些年来，我们的同志调查研究工作不做了。要是不做调查研究工作，只凭想象和估计办事，我们的工作就没有基础。所以，请同志们回去后大兴调查研究之风，一切从实际出发，没有把握就不要下决心。""我希望同志们回去之后，要搞调查研究，把小事撇开，用一部分时间，带几个助手，去调查研究一两个生产队、一两个公社。"

在随后党的八届九中全会上，毛泽东又一次强调要搞调查研究。他说：希望今年这一年，1961年，成为一个调查年，大兴调查研究之风。会后，毛泽东率先行动，直接领导广东、湖南、浙江三个调查组的调研工作。1月19日，周恩来在中共中央工作会议上发言说：在困难面前，我们不能怨天，也不能尤人，主要应求之于自己。我们在座的各位同志，都应该下决心摸清情况，摸几个典型。只有情况明，才能决心大，才能把工作搞好。还要谦虚谨慎，把情况弄明后再下决心，不能瞎搞。

3月13日，毛泽东专门就开展调查研究问题致信刘少奇、周恩来、陈云、邓小平、彭真，指

★ 1961年党中央决定大兴调查研究之风后，毛泽东率先行动，直接领导广东、湖南、浙江三个调查组的调研工作。周恩来则奔赴河北邯郸地区进行深入的调查研究。图为20世纪60年代初广东省阳江埠头大队社员劳动场景

FOTOE / 黎枫

出："大队内部生产队与生产队之间的平均主义问题，生产队（过去小队）内部人与人之间的平均主义问题，是两个极端严重的大问题。""不亲身调查是不会懂得的，是不能解决这两个重大问题的（别的重大问题也一样），是不能真正地全部地调动群众的积极性的。"

3月19日，周恩来在广州召开的中央工作会议小组会上发言说："要敢于听取不同意见，敢于和不同意见的人讨论问题。调查研究，必须贯彻实事求是精神，各人的认识总是有局限性的，要摆脱局限性、片面性，必须进行比较、综合、分析。要改正缺点错误，必须从深入下层，深入群众，认真进行调查工作入手。"

广州中央工作会议后，中央领导同志陆续带

着《农村人民公社工作条例（草案）》，深入基层，征求意见，开展了大规模的调查研究。4月28日至5月14日，周恩来也带人到河北邯郸地区搞起了调查研究。

关于怎样开展调查研究，周恩来曾做过详细阐述。他说："我们下去调查，必须对事物进行分析、综合和比较。事物总存在内在的矛盾，要分别主次；总有几个侧面，要进行解剖。各人所处的环境总有局限性，要从多方面观察问题；一个人的认识总是有限的，要多听不同的意见，这样才利于综合。事物总是发展的，有进步和落后，有一般和特殊，有真和假，要进行比较，才能看透。下去调查，要敢于正视困难，解决困难……我们下去调查要坚守毛泽东同志的三条原则：从

★　1961年5月3日至6日，周恩来到河北邯郸地区武安县伯延公
社进行调研，也就是著名的"周恩来的四个昼夜"。这是一次非
常经典、成功的调研，为党员干部做好调研起到了极佳示范作用。
图为天津南开大学周恩来雕像

FOTOE / 曾志

群众中来，到群众中去；集中起来，坚持下去；坚持真理，修正错误。这就是民主集中，它不但是组织原则，也是工作原则。智慧是从群众中来的，但对群众的意见领导方面还要加工，然后回到群众中去考验，在这基础上再加工。脱离我们的基本阶级群众，就会丧失党的基础。尾巴主义，随着群众跑，就会放弃党的领导。目前的毛病，还是我们发号施令太多，走群众路线太少。"

根据周恩来的安排，1961年4月初，总理办公室副主任许明带领一个工作组，先期到河北邯郸地区开展工作，共20天。4月28日午夜，周恩来放下手中的繁重政务，也前往邯郸亲自调查。此后一连3天，他在邯郸听取了地委书记庞均、工作组许明和河北省省长刘子厚的汇报。5月2

日返回北京处理要务后，3 日凌晨又赴邯郸。

这一次，他来到武安县伯延公社进行深入调查，走访了几十户社员家庭，视察了生产队的公共食堂，还到公社商店了解商品价格。他走乡串户，看见社员家中"除了树叶、咸菜、野菜以外，就没有东西了，硬是没有存粮"，感到十分震惊。

在伯延公社的一次座谈会上，一个叫张二廷的社员直言不讳地对周恩来说："这两年生活一年不如一年。""如果再这样下去两年，连你也会没有吃的。""因为我们当然首先要顾自己，你们征购不到，还不是没有吃的？"周恩来后来说："这句话对我教育很大，我很受感动。当时在场的地委的干部听了以后，说这个人是个落后分子。我跟他们解释：这样看不对，这个社员说的是真理，

★ 1961年，周恩来在河北邯郸就农村公共食堂、供给制、评工计分等问题进行调查。图为周恩来记在台历上的工作日程安排

FOTOE / 海峰

一个农民把我们看作他自己的人才会说这样的话，这是一针见血的话。"座谈后，周恩来来到张二廷的家，张二廷又向周恩来如实反映了伯延公社遭灾情况和公共食堂等方面存在的问题，并希望周

恩来以后还能来伯延。周恩来表示,有机会一定再来,如果自己来不了,也一定会派人来。在"文化大革命"前,周恩来每年都派人到伯延去调查,并代他看望这位农民朋友。

在伯延调查过程中,周恩来发现社员最担心多征购粮食和挤掉他们的自留地,便当着地委、县委、社委负责人的面,保证不收回分掉的自留地、不再以自留地顶口粮指标。通过认真深入的调查,周恩来掌握了大量第一手情况。5月7日他向毛泽东汇报了调查情况,谈了四点看法:第一,食堂问题。绝大多数甚至于全体社员包括妇女和单身汉在内都愿意回家做饭。目前主要解决如何解散食堂和社员回家后如何做饭的问题。第二,社员不赞成供给制,只赞成把五保户包下来和照顾困难户的办法。第三，社员迫切要求恢复高级社时的评工记分办法。包产到队、以产定分、包活到组的办法能够真正实现多劳多得，提高农民的生产积极性，势在必行。第四，邯郸专区旱灾严重，麦收减产。目前最主要的问题是恢复社员的体力和恢复畜力问题。在此期间，毛泽东还收到其他领导人从各地发来的调查报告，普遍不赞成办公共食堂，不赞成在分配上实行供给制。

当年 5 月 21 日至 6 月 12 日，中共中央讨论并修改了《农村人民公社工作条例（草案）》，形成修正草案。其中，最重要的修改：一是取消供给制；二是规定办不办食堂，"完全由社员讨论决定"，实际上取消了公共食堂制度，为国民经济调整开了个好头。

在中央工作会议上，周恩来谈了自己的体会。他说：庐山会议以来，由于我们缺乏分析，而把反右倾和工作上的问题混淆起来，更重要的是没有实事求是，所以尽管想搞好一点，结果却是适

得其反。在分配上的平均主义，劳动关系上的命令主义，上层建筑上的规章制度一般化、简单化，认识上的主观片面性，作风上的"五风"问题，有些问题在理论上也说不通。为什么会产生这些问题呢？周恩来说："那时，就是有点革命，不能深思熟虑，不能冷静下来。""欲速则不达，跌了大跤。"刘少奇在一旁插话说："看来，搞社会主义光有好的道德、好的感情、好的干劲不行，还要适应客观规律。这一跤是要跌的，跌得越痛越好，跌得不痛就感受不深。"

周恩来主持的邯郸调查和其他领导人主持的调查研究，促使中央逐步纠正了前一阶段一些错误的判断和决定，制定出一些符合实际情况的政策，从而为贯彻执行国民经济调整的方针，克服严重的经济困难，创造了重要条件。中央领导同志带头深入实际调查研究，不仅使党的决策更加贴近实际，而且对推动全党调查研究之风的兴起，产生了重要影响。

★ 深入基层调查研究充分彰显了周恩来的人民情怀，他用实际行动生动诠释了"全心全意为人民服务"的真谛。图为刻有周恩来手迹"为人民服务"的石碑

FOTOE / 姜永良

前事不忘，后事之师。2017 年 12 月 25 日至 26 日，习近平总书记在中央政治局民主生活会上指出："要在全党大兴调查研究之风"，"推动党中央大政方针和决策部署在基层落地生根。""中央政治局的同志要拜人民为师，向人民学习，放下架子、扑下身子，接地气、通下情。'身入'更要'心至'……开展深入细致的调查研究，抓住老百姓最急最忧最怨的问题，解决好群众最关心最直接最现实的利益问题，真正把功夫下到察实情、出实招、办实事、求实效上。中央政治局的同志要以身作则，推动各级干部动起来、深下去，使调查研究在全党蔚然成风。"

作者：费虹寰

刘少奇

与 调 查 研 究

刘少奇

> "调查研究是做好工作的最根本的方法。"

刘少奇的调查研究成果具有很强的理论性、政策性，有的成为党和国家路线方针政策的重要组成部分。

★　★　★

　　调查研究是科学决策的前提和保证。刘少奇非常重视调查研究，屡次强调"调查研究是做好工作的最根本的方法"。新中国成立后，他几乎每年都安排调研活动，有些年份多达几次。每次调研时间不等，短则几天，长达数月。通过一次次的实地调研，刘少奇为全党正确认识形势，制定一系列重要决策作出了突出贡献。

★ 20世纪60年代初，刘少奇响应党中央大兴调查研究之风的号召，深入农村、工厂搞调查研究，参与制定了一系列重要政策措施，使我国经济得到恢复和发展。图为湖南省宁乡市花明楼刘少奇铜像

中新图片 / 徐文东

以民为师求实话

调查研究最重要的是诚心诚意拜人民为师，听干部群众讲真话，这是全面了解基层情况的基础。

1959 年至 1961 年，我国国民经济陷入困境。为了探究困难之因，扭转困难之势，毛泽东向全党发出大兴调查研究之风的号召。1961 年 4 月至 5 月，刘少奇在家乡湖南省宁乡县和长沙县进行了为期 44 天的调查研究。调研之初，刘少奇最渴望听到人民群众最真实的心声。可是，在当时的情况下，人们不敢讲真话。对于基层干部群众不敢说真话的情况，刘少奇在给毛泽东的调查报告中以湖南省长沙县天华大队为例指出："长期以来，这个大队的社员和干部不敢说心里话，乔木去调查时，大队已把一些乱说话的人调走。我最初去找干部和社员谈话，大队干部都在事先交代过。有些小队开会，我们工作组的人去参加，说的是一套，工作组的人离开后，他们又再开会说了另一套。因此，我在天华的前十天几乎不能同大队的人认真讨论问题。"

为了了解群众心中真实的想法，在一次座谈会上，刘少奇摘下青呢帽，露出满头银发，用地道的宁乡腔恳求道："我是向大家求教的。这次中央办了错事，我们对不起大家，向大家道歉。但是改正错误要了解真实情况，希望大家帮助我，向我提供真实情况。"会场上霎时静了下来，大家

★ 刘少奇非常善于体察群众的情绪和疾苦，并要求基层干部敢于鼓励、支持群众讲真话，要相信群众、依靠群众。图为刘少奇《论共产党人的修养》部分手稿

FOTOE / 海峰

看到的是国家主席真诚的表情，体会到的是国家主席渴望了解实情的真心。此后，刘少奇不让社队干部陪同，带着秘书径直来到生产队，请社员座谈。经过 40 多天与群众心贴心交流、面对面沟通，刘少奇终于赢得了群众的信任。大家打消顾虑，纷纷向他反映真实看法。由此，刘少奇认识

到，造成困难的主要原因并不是天灾，而是如农民所说"三分天灾，七分人祸"。正是在刘少奇等中央领导同志深入农村进行实地调研的基础上，1961 年 5 月至 6 月中央在北京召开工作会议，对"人民公社六十条"草案进行了修改，形成《农村人民公社工作条例（修正草案）》。修改后的条例取消了供给制，并规定："在生产队办不办食堂，完全由社员讨论决定。"这个决策受到群众的极大欢迎。

扑下身子探实情

有时候只听报告和汇报并不能准确掌握实情，需要亲自探察实情。

对于报告和汇报，刘少奇认为："下面的报告和干部的话，不可不信，也不可全信，有的根本不可信。"1958 年高指标、浮夸风和"共产风"等"左"倾错误开始泛滥。此时河北省徐水县宣布"跑步进入共产主义"的消息传来，刘少奇不敢相信。9 月，他视察了徐水县，发现严重的浮夸风和"共产风"现象。当县委负责人汇报有的地方一亩小麦播撒种子 700 至 1000 斤时，他产生了怀疑。他说："1000 斤种子就是 1500 万棵苗，这恐怕草也长不起来吧！"同时，他看到徐水的"共产主义新村"只是在一些房子上分别挂上"食堂""养老院""托儿所"等牌子，连必要的设备都没有。针对当地干部将全民所有制与共产主义混淆的情况，他明确指出，"全民所有制不是共产主义，还是社

★ 刘少奇针对"大跃进"中出现的命令主义、瞎指挥等问题，在党的七大修改党章报告基础上进一步阐释了什么是群众路线。刘少奇的这个报告成为党的群众路线理论发展史上闪耀着熠熠光辉的代表性著作。图为刘少奇在党的七大上作的《关于修改党章的报告》

FOTOE / 海峰

会主义。不是共产主义叫共产主义不好"。这些问题，毛泽东也觉察到了，于是党中央自 1958 年冬起召开多次会议，开始纠正"大跃进"和人民公社化运动中的一些错误做法。

1961 年春，刘少奇在家乡湖南进行调研期间，除了听汇报、请干部群众开座谈会外，还直接到老乡家里，铺禾草，睡门板，以普通劳动者的身份走访父老乡亲。他挨家挨户到社员群众中摸情况，揭开锅盖看到农民吃着糠菜窝头，打开油盐坛子发现没有一滴油，还看到许多社员因为吃代食品得了水肿病。刘少奇对农民生活有了清醒的认识。调研结束后，他向毛泽东汇报了调研情况。刘少奇仍以天华大队为例，指出："社员生活远不如 1957 年""只有定量的大米和小菜，因此，都感到不够吃""去年下半年也有相当多的人害浮肿病"。5 月 31 日，他主持中央工作会议全体会议

★ 刘少奇 1961 年的湖南调查在我们党的调查研究历史上有着显著特点和特殊地位。他的这次调查就如何深入开展调查研究，在方法、立场和勇气等方面为党员干部提供了丰富的启示。图为表现刘少奇 1961 年 4 月在长沙农村调查的雕塑

FOTOE / 黄豁

并作总结讲话，指出："我们在执行总路线、组织人民公社、组织跃进的工作中间，有很多的缺点错误，甚至有严重的缺点错误。""回过头来考虑考虑，总结经验，我看是到时候了，再不能继续这样搞下去了。"刘少奇在深入基层调查研究的基础上，提出了一系列切中时弊的意见建议，促进了中央对相关政策的调整。

直面问题出实招

倾听民声、了解实情，启发和促进深刻的思考。

1957年1月毛泽东在各省市自治区党委书记会议上提出人民内部矛盾问题是一门科学，值得好好研究的建议后，刘少奇立刻意识到，这是一个重大问题，不但对解决当前社会上出现的一些问题具有现实意义，而且对我国的社会主义建设以及国际共产主义运动也将产生深远影响。会议结束后，2月18日至4月14日，刘少奇约请全国总工会、共青团中央、教育部等单位有关干部和身边工作人员组成调查组，南下五省，围绕人民内部矛盾问题，进行一次深入广泛的专项调研。

在保定农村调研时，有同志讲，老百姓最不满意的是大队范围内生产队的统一分配。有农民讲，好的生产队的粮食往差的生产队拉，大家不敢反对，但心里难受。刘少奇听了后说："从你们的反映中间就可以看出来，这些问题需要我们认真地对待，很好地解决。"

　　通过调研，刘少奇结合实际情况，提出了一系列具有改革意义的主张和设想，诸如：要重视和人民群众的关系，国家机关工作人员要同人民群众打成一片，防止官僚主义和特权思想的产生；对待人民内部矛盾，不能采取"一棍子打死"的办法，而应采取说服教育的办法，等等。在毛泽东倡导下，1957 年全党和全国形成了一个围绕如何正确处理人民内部矛盾问题而展开的学习热潮。刘少奇南下五省的调研及其思想成果，对推动这次学习起了重要作用。

博采众长制实策

　　刘少奇的调查研究成果具有很强的理论性、

政策性，有的成为党和国家路线方针政策的重要组成部分。

★ 刘少奇起草的《中国共产党中央委员会向第八次全国代表大会的政治报告》文本和刘少奇出席党的八大的签到证

FOTOE／海峰

中共八大的准备，在毛泽东的主持下，刘少奇负责八大政治报告的起草。为此，从 1955 年 12 月 7 日开始，刘少奇找国家机关、中央各部委的负责同志到他那里去汇报。一直到 1956 年 3 月上旬，连续听了 30 多个部门负责同志的汇报。一般情况下，一个部门谈一天，个别部门也有谈上两天的，经常从白天一直谈到午夜。这样一天连着一天谈，进行 7 到 10 天，算一个段落，然后间隔个把星期，再谈七八个部门。总之，刘少奇是集中心思来进行这项调查研究工作的。

毛泽东听说刘少奇正在召集中央各部委逐个听取汇报的事，说这个方法很好，让人帮他也来组织这样的汇报。经过一系列的调研之后，毛泽东提出了著名的《论十大关系》。毛泽东在中央政治局扩大会议上作《论十大关系》报告后，立即引起刘少奇的共鸣，决定将其作为起草八大政治报告的指导思想。可以说，全方位的调查研究为写出一个好的八大政治报告奠定了基础。

除了党代会报告这样的大政方针，还有很多具体政策措施的制定，是深入调查研究的成果。全国各地区人民法庭的普遍建立，就是一例。1961 年在天华大队调研时，刘少奇过问过一个"饲养员破坏耕牛"的案子：天华大队的一头耕牛死亡，解剖后在牛肺内发现一根铁丝，调查人员就认为是饲养员冯国全有意破坏。听完调查组汇报此事后，刘少奇当即指出："这不可能吧？牛皮那么厚，牛劲那么大，怎么能钉进去呢？这件事还要查，不仅要查当事人，还要问问老兽医或专门

★ 1961年4—5月，刘少奇在湖南长沙和宁乡就社员家庭副业、自留地、集市贸易等问题进行调查。这是刘少奇座谈会记录

FOTOE / 海峰

学过这种医的人。"经过认真调查，原来是一个小孩出于好奇将铁丝喂给牛吃，后来铁丝窜到耕牛肺中造成死亡。冯国全破坏耕牛案完全是冤案，因此为冯国全平了反。由此，刘少奇主张在农村

区一级设立公安派出所和人民法庭，方便群众告状，并有利于案件的及时正确解决。也是在刘少奇的积极推动下，全国各地普遍建立起区人民法庭。这一措施，对推进我国法制建设起了重要作用。

作者：李　颖　王　刚

朱德

与调查研究

朱　德

"开会也是调查研究。"

　　从 1951 年到 1966 年，朱德向党中央提交了
108 份反映各行各业实际情况的调研报告，其中
有 98 份报告是他亲自主持起草的。

★ ★ ★

　　作为党的第一代领导集体的重要成员，朱德在调查研究方面是一位楷模。新中国成立后，虽然年事已高，但朱德不辞劳苦，每年都用两到三个月或更多的时间到全国各地视察。仅1956年到1965年的10年间，他就到过28个省、自治区和直辖市。他深入基层，倾听群众的意见，了解实际情况。通过调查研究，他向中央写了大量的调查报告。从1951年到1966年，他向党中央提交

★ 深入实际、调查研究是进行正确决策和做好各项工作的前提，也是贯彻实事求是思想路线应有的优良传统和作风。朱德对调查研究工作，不仅十分重视，而且有着自己的真知灼见，至今仍有借鉴意义。图为四川省南充市仪陇县朱德同志故居纪念馆前的朱德雕像

中新图片／赵永桂

66

了 108 份反映各行各业实际情况的调研报告，其中有 98 份报告是他亲自主持起草的。朱德在报告中提出了许多符合实际情况的真知灼见，比如，他提出要注意发展手工业和农业多种经营的观点；他比较早地提出国防工业要走"军民结合、平战结合"的发展道路；在 20 世纪 60 年代初国民经济调整中，他提出停办农村公共食堂、恢复农村自由市场、调整农村人民公社管理体制等，这些都是对于社会主义道路的有益探索，具有重要的指导意义。那么，身居高位、事务繁多且年事已高的朱德是如何开展调查研究工作的呢？从他的调查经历中，我们可以归纳出以下几种方法。

找准问题、有的放矢

调查研究主要是为国家建言献策，要同中心工作和决策需要紧密相结合。朱德的调研工作也一直遵循这个原则。

1956年，为党的八大制定正确的路线做准备，党和国家领导人进行了密集的调查工作。70岁的朱德，也积极投入其中。5月16日至23日，朱德赴山西考察。6月6日至13日，他前往辽宁考察。这两次考察的重点，都是当地的经济发展情况，特别是农业合作化以后农村的新情况。在八大的大会发言上，朱德提出了自己的观点和主张。

1961年3月22日，广州中央工作会议通过

★ 在党的八大召开前夕，朱德奔赴山西、辽宁等地进行考查。图为云南省建水县古城朱德故居

FOTOE / 海峰

了《农村人民公社工作条例（草案）》（简称"农业六十条"），并决定发给全国农村党支部和人民公社全体社员讨论。之后，朱德带着草案到河南、

四川、陕西、河北调查，感到调整农村政策效果明显。5月9日，他向毛泽东写报告，反映"六十条"贯彻以后，群众的生产积极性提高了，农民已经普遍地注意发展家庭副业生产。正因为朱德等中央领导同志带着草案下农村调查研究，中央对如何调整农村政策有了较深入的认识。5月21日至6月12日，中央工作会议讨论和修改《农村人民公社工作条例（草案）》，形成了《农村人民公社工作条例（修正草案）》。

深入实际、深入基层、深入群众

调查研究要多层次、多方位、多渠道地调查了解情况，基层、群众、重要典型和困难的地方，

★ 1953 年 4 月，河南省大部地区发生严重霜害，党和政府立即派
出大批干部深入灾区进行调查研究，帮助群众克服一切困难战胜
灾荒

FOTOE / 海峰

应成为调研重点，要花更多时间去了解和研究。

朱德始终坚持尊重群众、依靠群众，注重倾

听群众意见。每到一个地方，他都要深入厂矿、农村，并且找当地的领导干部、专家和工人、农民谈话，同他们交换意见。他视察白云鄂博时，曾到蒙古包中同一个牧业社社长和生产队长谈话。在新疆，他也曾到毡包中看望牧民。即便在"文化大革命"最困难的日子里，他也要找机会到北京附近的工厂农村看一看。他说："我们一切力量都出于群众身上，一切办法也都由群众创造出来。""我们没有别的本事，我们的本事就只有同群众密切结合在一起。""深入群众中去，就真正会了解社会主义如何建设，如何完成，就会想出很多办法，同群众一起创造出许多新的办法，把工作推向前进。"

为更深入地了解情况，朱德每到一地，常常亲自召集座谈会。他曾说："开会也是调查研究。"

座谈会包括各级领导干部座谈会、群众座谈会、民主人士座谈会等等。朱德通过这种方式直接聆听干部和群众的意见。听汇报时，他总是鼓励大家讲真话，常说："你们在生产第一线工作，了解情况多，要向上边反映真实情况，要讲老实话，不要报喜不报忧。"这种真诚态度使许多干部和群众敢于在他面前反映问题，这是他能够了解到许多真实情况的重要原因。

坚持实事求是的原则

实事求是是马克思主义的精髓，是我们共产党人的重要思想方法。朱德在新中国成立后提出的重要观点同样依靠实事求是。他说："看到的问

题就要报告中央，不报告就是不忠实；要不就是
观潮派，看到坏事也不讲。"在他的调查报告中，
很多内容都是他结合各地的生产建设问题谈到的
意见。

★ 实事求是调查研究的工作目标，调查研究是实事求是的根本方
法。朱德是坚持实事求是的典范。图为 20 世纪 40 年代陕西延
安中共中央党校礼堂，其正面墙上刻着"实事求是"

FOTOE / 文化传播

　　1960 年 2 月至 3 月，朱德赴陕西、贵州、四川、河南等地调研，切身感受到人民生活困难和"左"的做法的错误。在老家四川仪陇马鞍公社，

他问堂兄弟："你们为啥都这么黄皮寡瘦，说话都吊不起气？"堂兄弟直截了当地说："还不是肚子吃不饱！"为此，他向仪陇县委负责人指出：一定要根据山区的特点，带领广大干部和群众，开发山区资源，发展山区的农、林、牧、副、渔和各种土特产的生产，努力渡过目前的暂时困难。4月2日，朱德向毛泽东写报告，提出，我国各地方的地理条件、自然条件很不相同，农作物的品种又非常多，生产要因地制宜，农业技术改革也要因地制宜，各种机械必须是又经济又适合当地要求，是多种类多型号的，不能求其一律。农业和工业都要发展商品性的生产，以适应国家经济建设和改善人民生活的需要。

1962年5月，朱德参加中央工作会议，讨论国民经济计划。他不赞成那种认为农民发展家庭副业是"资本主义倾向"的错误看法，认为现在限制家庭副业太死了，要解除禁令！在农村要两条腿走路，正业（农业）和副业两不误。会后，朱德先后去陕西、四川、云南、广西等地视察。5月20日，他在给中央的报告中指出：要允许私人或供销社在集镇上开几家饭铺，小煤窑的零售价格应当允许地方上适当调高，不要统死。在四川西昌地区视察时，朱德派人重点调查了一个生产队。5月26日，朱德致电中央，如实反映了这个生产队的情况："这里群众的生活还是比较苦的。""这个生产队的群众，四月份平均每人口粮只有十斤（十六两秤），五月份平均每人口粮十一斤四两，在夏季插秧大忙季节，一个全劳动力也只能吃到十六斤。""口粮不足的原因，除因去年天旱歉收外，在执行政策上也还存在问题。如公社规定：在完成征购和储备任务后，即便生产队还有余粮，每人每天的口粮也不得超过十二两。口粮是十天一发，主要是怕群众吃了'过头粮'。对群众开垦小片荒地还有限制。总之，对农民箍得太死，因而影响了群众的生产积极性。"

制度化、经常化

调查研究不是一时兴起，而是要持之以恒，始终贯穿于工作的全过程，真正成为决策的必经程序。朱德搞调查研究，不但坚持的时间长，而且调查研究的主题也一直较为稳定，即大多围绕经济建设问题，以发展生产和改善人民生活为着眼点。这其中比较典型的就是对于手工业的关心。

新中国成立后，朱德就认为"手工业生产在我国国民经济中，占有很重要的地位"，"在发展大工业的同时，对手工业必须予以足够的重视"。1952 年 7 月 10 日，在党中央酝酿制定"一五"计划时，朱德即致函毛泽东，专门提出要"注意发展地方性的小工业和手工业"。1953 年 2 月 13 日，朱德再次致函中央和毛泽东，建议有计划地帮助和组织手工业生产合作社。

为进一步推动手工业的发展，朱德还积极开展调查研究。1955 年 1 月，朱德在广东、上海等地视察时，对当地负责人提出要组织和发展手工业。他还派秘书在各地调研，并将情况提交中央。

回京后，朱德立即找国务院第四办公室主任兼轻工业部部长贾拓夫谈话，就如何发展手工业提出意见。

1956年5月，朱德从山西太原视察回京后，立即找中央手工业管理局副局长邓洁谈话，就手工业如何管理的问题提出意见。半年后，他再次找邓洁谈话，提出想把合作社都收归国有的想法是错误的。

1961年3月，朱德赴河南、四川、陕西、河北等省视察。5月9日，他向毛泽东提交了关于食堂、手工业合作社和自由市场等问题的调查报告，提出手工业在"一九五八年转厂并社时，由集体所有制转为全民所有制的面过于大，存在不少问题"。5月21日至6月12日，中央召开工作会议，制定了《关于城乡手工业若干政策问题的规定（试行草案）》（即手工业三十五条）。朱德在会上积极发言，继续提出加强手工业建设。会后，为了解"手工业三十五条"的贯彻执行情况，朱德多次派人到北京郊区和武汉、广州等地调查，并将调查材料及时转报中央。7月29日，朱德向中央和毛泽东转报《关于北京市郊区手工业情况的调查材料》；9月15日，他转报了关于庐山附近执行农业六十条、手工业三十五条的情况报告；11月21日，他转报了关于手工业三十五条贯彻执行中存在的问题的报告。

1962年5月至6月，朱德视察陕西、四川、云南等地。6月20日，他给中央和毛泽东写报告，谈到了手工业合作社的发展状况以及存在的一些

★ 1956 年底前后，广东省新会县个体手工业者组织的木器生产合
作社

FOTOE / 吴雍

★ 朱德曾多次深入实际调查研究手工业的历史和现状，充分肯定它的地位和作用。朱德发展手工业的思想，在社会主义改造过程中起过重要指导作用。图为 1956 年 1 月 30 日，中华全国手工业合作社为庆祝手工业合作化胜利写给中共中央的报喜信

FOTOE / 文化传播

问题，并且呼吁给予手工业合作社适当的自主权。

在朱德的关心下，手工业生产和手工业者都得到很好的发展和保护。在《关于建国以来党的若干历史问题的决议》中，总结领导社会主义建设的重要经验时明确说："朱德同志提出了要注意发展手工业和农业多种经营的观点；"这些"在当时和以后都有重大的意义"。

作者：左智勇

与　调　查　研　究

邓小平

　　"要把调查研究作为永远的、根本的工作方法。"

　　"一切都要按社会主义原则办事，不要再照顾原来说过的话、办过的事，那是照顾不住的。"

　　进入改革开放新时期，邓小平保持着调查研究的工作作风，并且带有用数字来"算账"的鲜明特色。

★ ★ ★

邓小平非常重视调查研究，他的许多影响深远的重大决策都来源于调查研究。他曾说，要把调查研究作为永远的、根本的工作方法；实事求是是马克思主义的精髓，实践是检验真理的唯一标准；领导者必须多干实事。那种只靠发指示、说空话过日子的坏作风，一定要转变过来。本文记述的几则调查研究事例中体现的勇往直前的创新精神、实事求是的务实作风、关心群众生活的

★ 调查研究是我们党的优良传统。邓小平一贯重视调查研究，把它作为领导工作和领导者作决策的前提条件。图为邓小平雕像

中新图片／邱海鹰

人民情怀和紧抓主要矛盾的战略思维，在今天仍
然具有十分深刻的启示意义。

"吃食堂是社会主义，
不吃食堂也是社会主义"

1961 年 4 月 7 日至 22 日，为响应毛泽东提
出的大兴调查研究之风的号召，邓小平带着几位
工作人员来到北京郊区顺义县，针对生产队与生
产队之间、社员与社员之间的两个平均主义问题
进行调查研究。

他的调查研究，分为三个方面：一是分别召
开县级、公社级和生产队级干部座谈会，二是派
工作人员住到农民家里了解社员生活的真实情况，

三是深入实地进行现场察看。他召开的座谈会有：4月7日、8日、17日、20日4次县委负责人座谈汇报会；4月12日3个公社党委书记座谈会；4月15日生产队干部座谈会；4月21日县、社手工业座谈会。为了了解社员生活的真实情况，他派卓琳到上辇村农民孙旺家住了一个星期，派其他工作人员分别到上辇村和北小营村实地调研。他还亲自到白庙村公共食堂、城关公社拖拉机站、生产落后的芦正卷生产队、工业搞得比较好的牛栏山公社、顺义县城关和牛栏山公社的集市等地深入现场实地调研。

通过调查研究，邓小平就公社规模、基本核算单位、超产购留比例、食堂等问题有了明确的意见，他认为当前农村最主要的问题，是赶快把

★ 20 世纪 60 年代中国农村的公社食堂　　　　FOTOE / 王琼

基本核算单位定下来，小队和小队，社员和社员，都不要拉平，要克服平均主义，贯彻按劳分配原则，多产多卖多留多吃。

在办食堂问题上，通过调查研究，他的认识由开始时的努力把它办好，转变到后来的尊重社员群众的意见。他在牛栏山公社桑园村召开的社、队干部会上明确说："吃食堂是社会主义，不吃食堂也是社会主义。以前不管是中央哪个文件上说的，也不管是哪个领导说的，都以我现在说的为准，根据群众的意见，决定食堂的去留。"

这次调查研究的成果得到毛泽东的肯定，为中央进一步调整农村政策提供了有价值的情况和意见、建议，也为他随后支持一些地方出现的包产到户提供了实践依据。

★ 实事求是是邓小平一生最鲜明的思想特点。他说:"我是实事求是派。"图为邓小平题词"实事求是"

FOTOE／傅光

"要照顾原则,不要照顾面子"

在 1961 年调查研究年中,毛泽东的主要精力放在"农业六十条"上,他把"工业七十条""商业四十条"等城市工作的具体政策交给邓小平去负责。

邓小平认为，只有结合调查研究，工业条例才能搞出来。1961 年 7 月 13 日至 24 日，邓小平赴东北调查研究鞍钢生产问题，同时就制定工业企业工作条例进行调研。关于鞍钢生产问题，他在 14 日至 19 日持续 6 天听取东北局汇报后指出：保鞍钢是个战略问题，保鞍钢三分之二生产能力是个界限。关于工业企业工作条例问题，他提出要搞试点，从定任务、定员、定原材料消耗定额、定协作关系等入手，规定责任制，建立起正常的管理秩序和正常的协作关系。

在调研中，邓小平反复强调："一切都要按社会主义原则办事，不要再照顾原来说过的话、办过的事，那是照顾不住的。""凡是办不到的，不

★ 20世纪60年代的鞍钢车间   FOTOE／王琼

管原来是哪个人说的，站不住就改，顾面子是顾
不住的，今天顾住了，明天也顾不住。"在考察尚
处于会战阶段的大庆油田时，他特别关心石油工
人的生活，亲自到工人们因陋就简盖的"干打垒"
住房详细了解情况。他提出办供销合作社送货上门、开展多种经营、成立专业队种地、办牧场养猪、栽树榨油等细致入微的具体办法。

通过调查研究，他主持制定了《国营工业企业工作条例（草案）》，这对推动当时国民经济的全面调整具有重要意义。1980年4月1日，邓小平还真切地回忆说："1961年书记处主持搞工业七十条，还搞了一个工业问题的决定。当时毛泽东同志对工业七十条很满意，很赞赏。他说，我们终究搞出一些章法来了。"

"迅速地坚决地把工作重点
转移到经济建设上来"

粉碎"四人帮"后，中国面临向何方去的关

键抉择。邓小平 1978 年 9 月 13 日至 20 日在北方四省一市通过调查研究形成的"北方谈话"，呼应了当时正在全国开展的真理标准问题大讨论，提出全党工作着重点转移的崭新命题，为党的十一届三中全会实现伟大的历史转折奠定了思想和政治基础。

9 月 13 日，邓小平访朝归来，但他并没有马上回京，而是按事先安排开始了在东北地区的调查研究。在 8 天的时间里，邓小平从辽宁到黑龙江、吉林，再到辽宁、河北、天津，针对我国工业建设同发达国家之间的差距，先后在本溪、大庆、哈尔滨、长春、沈阳、鞍山、唐山、天津等地调查研究，发表重要谈话。这些谈话强调要以国际上先进的技术作为我们搞现代化的出发点，

★ 1978年5月11日，《光明日报》发表《实践是检验真理的唯一标准》一文，在全国引发关于真理标准问题大讨论

FOTOE / 海峰

号召全党破除僵化，解放思想，实事求是，极大地促进了全党思想解放。9月16日，邓小平在长春听取中共吉林省委汇报工作，他提出了"社会主义制度优越性的根本表现，就是能够允许社会

生产力以旧社会所没有的速度迅速发展，使人民
不断增长的物质文化生活需要能够逐步得到满足"
的新论断，他认为全党当前的根本任务就是"要
根据现在的有利条件加速发展生产力，使人民的
物质生活好一些，使人民的文化生活、精神面貌
好一些"。这次讲话给在场的人以很强烈的震撼。
9 月 17 日，他在沈阳听取中共辽宁省委负责人汇
报工作时，一改往日的庄重严肃，动情地说："我
们太穷了，太落后了，老实说对不起人民。我们
现在必须发展生产力，改善人民生活条件。"

在这次调研中，邓小平首次提出了全党工作
中心转移的战略问题。9 月 17 日下午，他在接见
沈阳军区机关及师以上干部时明确提出，要在适
当时候结束全国性的揭批"四人帮"运动。他说：

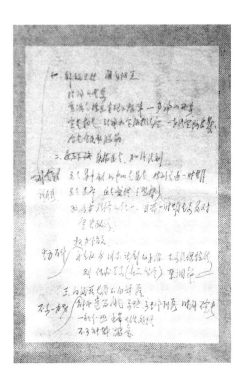

★ 邓小平《解放思想，实事求是，团结一致向前看》讲话提纲手稿

FOTOE／孔兰平

"运动不能搞得时间过长，过长就厌倦了。""究竟搞多久，你们研究。"这实际上提出党和国家工作重点从"抓纲治国"转到以经济建设为中心上来的主题。

"看来，四个现代化希望很大"

进入改革开放新时期，邓小平保持着调查研究的工作作风，在设计现代化建设蓝图过程中一如既往、始终坚持，并且带有用数字来"算账"的鲜明特色。

改革开放初期，邓小平提出"中国式的现代化"，即"小康水平"，人均国民生产总值由1978年的250美元，提高到20世纪末的1000美元，翻两番。这个目标是邓小平根据国内外材料作出的科学判断。但到底可行不可行，他要到广大人民群众在社会主义现代化建设的实践中去"算算账"，调查一下实际可能性。

1980 年六七月间，邓小平专门到几个省做了一次调查研究。7 月 22 日，他在赴郑州的途中说："这次出来到几个省看看，最感兴趣的是两个问题，一个是如何实现农村奔小康，达到人均 1000 美元，一个是选拔青年干部。""对如何实现小康，我作了一些调查，让江苏、广东、山东、湖北、东北三省等省份，一个省一个省算账。我对这件事最感兴趣。8 亿人口能够达到小康水平，这就是一件很了不起的事情。你们河南地处中原，你们算账的数字是'中原标准''中州标准'，有一定的代表性。"

1982年9月，党的十二大报告根据邓小平的设想描绘了20世纪末达到"小康水平"的宏伟蓝图。

★ 1982年9月1日至11日，中国共产党第十二次全国代表大会在北京举行。大会首次把"小康"作为经济建设总的奋斗目标。图为党的十二大会场

FOTOE / 海峰

这个"小康水平"是个啥样子？具体标准是什么？能不能实现？带着这个问题，1983年春节前夕，邓小平到经济发展较快的江、浙、沪地区再次进行调查研究。

1983年2月6日，邓小平抵达苏州。第二天下午就在下榻的宾馆开门见山地向江苏省负责同志了解："到2000年，江苏能不能实现翻两番？""苏州有没有信心，有没有可能？"

江苏的同志向邓小平详细汇报了近年来全省及苏州工农业生产情况，表示像苏州这样的地方，准备提前五年实现党中央提出的奋斗目标，实现"翻两番"。

邓小平急切地想知道，达到人均800美元的水平，社会是一个什么面貌？发展前景是什么样子？江苏的同志向邓小平具体汇报了6条：人民的吃穿用问题解决了；住房问题解决了；就业问题解决了；人不再外流了；中小学教育普及了；人们的精神面貌变化了。

★ 邓小平注重调查研究的作风深受中国人民衷心拥戴。图为参加1984年庆祝中华人民共和国成立35周年群众游行的大学生队伍通过天安门时，打出"小平您好"的横幅

FOTOE／海峰

邓小平为苏州人民取得的成绩兴奋不已。之后，邓小平又到杭州、上海等地调研。这次江、浙、沪三个星期的调查研究，坚定了邓小平对"翻两番"、实现小康目标的信心。回到北京后，他同几位中央负责同志谈话，介绍了调研时了解到的"小康水平"的社会状况和 6 条标准，高兴地说："看来，四个现代化希望很大。"

之后，邓小平为我们设计了 70 年的发展蓝图。1986 年 9 月，他在会见一位外宾时幽默地说：我们定的目标是到本世纪末，摆脱贫困，实现一个小康的社会。所谓小康社会，就是不富裕，但是日子好过。至于下一个世纪，那不是我的事了，我采取不介入态度，总不可能活到 100 岁嘛。但是，我们现在有权制定一个战略目标。到下个世

★ 邓小平把调查研究看作贯彻党的思想路线和群众路线的必然要
求，十分重视领导者亲自搞调查研究。他说："能不能深入下去，
工作能不能落实，关键在于领导干部是不是以身作则，深入部队，
调查研究，从实际出发，分析问题，解决问题。"图为邓小平关
于中国改革开放和现代化建设的重要思想萌芽地——江西省南昌
市新建县拖拉机修配厂"小平小道"

中新图片 / 刘占昆

107

纪，花 30 年到 50 年时间接近发达国家的水平，那个时候，才能说我们这个人口这么多、地方这么大的中国对人类作出了贡献。这才真正是为实现我们的理想——实现共产主义做了准备，创造了条件。1987 年 10 月，党的十三大正式提出我国经济建设三步走的部署。

1992 年初，邓小平视察南方，这可以说是他晚年最重要的一次调查研究，他谆谆教诲各级干部："如果从建国起，用 100 年时间把我国建设成中等水平的发达国家，那就很了不起！从现在起到下世纪中叶，将是很要紧的时期，我们要埋头苦干。我们肩膀上的担子重，责任大啊！"

作者：蒋永清

与 调 查 研 究

陈　云

"不唯上、不唯书、只唯实，交换、比较、反复。"

"领导机关制定政策，要用百分之九十以上的时间作调查研究，最后讨论作决定用不到百分之十的时间就够了。"

陈云每决大事，必定先作调查研究；他搞调查研究不是走形式、摆样子，而是认认真真、深入细致。

★ ★ ★

　　陈云是全党公认的善于调查研究的楷模。他
提出了著名的十五字诀"不唯上、不唯书、只唯实，
交换、比较、反复"，认为"所有正确的政策，都
是根据对实际情况的科学分析而来的"，主张"领
导机关制定政策，要用百分之九十以上的时间作
调查研究，最后讨论作决定用不到百分之十的时
间就够了"。我们选取陈云在革命、建设和改革不
同时期的三次重要实践，来看看他是怎么作调查

★ 陈云是开展调查研究的典范。1961 年，积极响应党中央大兴调
查研究之风的号召，陈云怀着对人民群众的深厚感情，深入上海
青浦小蒸公社开展蹲点调研，并写了《青浦农村调查》。图为上
海市青浦区陈云故居暨青浦革命历史纪念馆

FOTOE / 樊甲山

研究的。

华北敌后根据地党建调查：
开展群众工作"是目前地方工作的中心"

1937 年全国性抗战开始后，陈云到延安担任中共中央组织部部长。当时，随着八路军、新四军挺进敌后建立抗日根据地，党的组织有了很大发展，许多原来没有党组织的地区建立起党的组织和领导机构。1938 年春天，在中央书记处的一次例会上，陈云提出中央组织部的工作要面向全国组织系统，并着手调查研究党的建设状况。

当时延安与华北敌后交通阻隔。陈云建议从华北敌后六个大区选调一些同志回延安汇报敌后

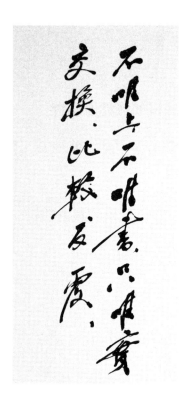

★ "不唯上，不唯书，只唯实；交换、比较、反复"，堪称陈云真言
  的代表作，是他的世界观，也是他的历史观。图为陈云手迹"不
  唯上、不唯书、只唯实，交换、比较、反复"

FOTOE / 张庆民

★ 20 世纪 30 年代末，为了了解晋察冀敌后根据地党的建设情况，
陈云先后找 9 个乡的党支部书记谈话，边谈边记，反复谈了多
次，直到把有关情况彻底弄清为止。图为晋察冀边区战士们学习
场景

FOTOE / 海峰

根据地党的建设情况。中央同意了他的意见后，他要求每个区党委来一位副书记，选送一位地委书记和县委书记；晋绥边区和晋察冀边区则各来几位乡党支部书记。1938 年十一二月，中共六届六中全会后，陈云又指示中央组织部派了两个组织工作巡视团前往华北敌后根据地，检查各地党的建设工作。通过调人来、派人去的调查研究，陈云获得了大量第一手的情况，发现了不少问题。

1939 年四五月份，陈云同来延安的七个支部书记谈话，每个乡的支部书记都谈了三天三夜，边谈边记，秘书刘家栋做记录。陈云了解到，大多数支部是不讨论群众的切身问题的，经常性的工作是依照区委的布置，发展几个党员，动员几个人当兵，要多少粮食和军鞋，而且一概是分派。

至于群众要些什么，就不管了。其中四个支部书记，都说妇女工作重要，但陈云问他们的老婆是不是入党、入妇救会了，得到的回复是："她懂什么事？有什么用？"

陈云从中组部巡视团汇报中了解到一件事。他们参加的一个乡支部的小组会，没有提出任何要讨论的问题，就要党员发言。一个党员先说："我们是共产党员，每个同志要缴党费，这是为了惦记党。党费是每月三个大子儿，没有大子儿，缴鸡子儿也行，小米也行，完了。"接着发言的两个党员都讲"缴党费"，然后小组会就散了。陈云担心：这样的会议如果多开几次，恐怕谁也不愿再来了。完全脱离群众的政治斗争和经济斗争的区委、支部和小组，一定会失去群众的支持，是

★ 1949 年广州即将解放时，陈云经过调查研究后就交通、粮食、金融等问题，为中央财政经济委员会起草的给叶剑英、方方并华中局、军委、铁道部，报中共中央的电报手稿

FOTOE / 文化传播

118

非常危险的。

陈云还了解到，有些地方，一个老百姓在七八个群众团体名册上都有名字，而每个团体又规定五天或七天开一次小组会，十天或半月开一次大会。他想：如果真有这样老实的老百姓，遵守纪律，每会必到，即使不种地，时间还不够分配。

他们反映的问题中，更有甚者，有个县的地主把持乡政权，他们把各种负担都加在抗日军人家属及贫苦工农身上，却美其名曰"起模范作用"。

根据调查研究了解的情况，陈云于 9 月和 11 月在党内刊物《共产党人》上发表了两篇文章《巩固党与战区的群众工作》《开展群众工作是目前地方工作的中心》，指出："我与华北六个不同地区做党的工作的同志谈话以后，觉得华北工作最弱的一环，是群众工作。""要使抗战前进一步，要使我们党的工作前进一步，问题的根本，在于开展群众工作。这是目前地方工作的中心。"他提出划小区乡党组织工作范围以便接近党的支部和接近民众、支部要经常注意解决群众迫切需要解决的问题、各团体领导机关的人要深入下层工作、组织妇女等措施，主张"我们要向着这样一个目标：支部掌握乡或村的全局，即掌握全乡或全村的党、政、军、民、学的工作。做到了这一点，支部才算得是群众的核心，党在群众中的堡垒"。他还在中央讨论各地工作时，针对不同地区党的组织情况，提出了一系列重要的指导性意见，为加强抗战时期党的建设，发挥了重要作用。

青浦农村调查：

"当地的干部、群众能够同我讲真话"

三年困难时期，1961 年 1 月召开的中共八届九中全会确定对国民经济实行"调整、巩固、充实、提高"的方针。为了进一步弄清国内情况和问题症结所在，毛泽东在全会前的中央工作会议上号召"大兴调查研究之风"，做到"情况明，决心大，方法对"。中央领导人都下到基层搞调研。

6 月下旬到 7 月上旬，陈云到上海市青浦县小蒸人民公社，进行了 15 天农村调查。为什么选在自己的家乡？陈云的考虑是："这里是我 1927 年搞过农民运动的地方，解放后也常有联系，当地

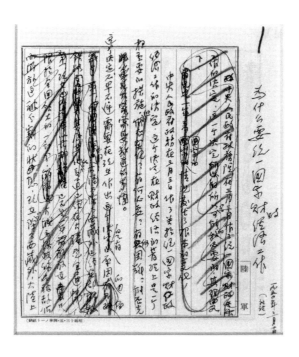

★ 依靠调查研究作决策，是陈云坚持实事求是的思想方法和工作方法。每逢重大决策之前，陈云总要做大量调查研究，听取多方面意见。图为陈云《为什么要统一财政经济工作》手稿

FOTOE / 海峰

的干部、群众能够同我讲真话。"

当时陈云心脏有病，医生只允许他工作半天。但到小蒸后，他第二天就开始工作。每天上午在家里开座谈会，下午三四点钟到田间地头、养猪场和农民家里、集体食堂等地方考察。

陈云听了公社党委两次汇报，召开了十次专题座谈会。这些座谈会，有几次主要是向农民作调查，有几次是和公社党委委员交换意见。农民也敢于提意见。他们的意见和情绪，概括起来有四：一是粮食吃不饱；二是基层干部不顾实际、瞎吹高指标，参加劳动少，生活特殊化；三是干部在生产中瞎指挥，不向群众进行自我批评；四是没有把集体生产组织好，农民的积极性差，相反，对自留地、副业生产积极性高。

那时，农村只有可以走人的土路，汽车、自行车都不能通行，到各个村落去都要步行七八里路，陈云仍然坚持到处去看。他看到，私养母猪喂食喂得好，有的甚至喂泥鳅，猪圈也干净，产苗猪多，苗猪成活率高。公养母猪喂食不分大小、强弱，像开"大锅饭"，猪圈脏得很，母猪流产多，苗猪成活率低。

当时为了多产粮，上级改变当地农民种一季水稻一季蚕豆的习惯，改种双季稻、种小麦。陈云和当地干部农民一算账，表面上亩产多了，但算上多投的种子、劳力，多占的寄秧田等，其实并不合算。那时候有人担心农民自留地多了，会影响集体生产。陈云调查后发现，自留地少了更不利。农民肚子很饿，不但搞不好生产，连当肥

★ 1961年6—7月，陈云在上海青浦小蒸公社进行农村调查。这是1961年8月邓小平批示印发的《陈云同志关于农村情况给邓小平同志的信和养猪等三个问题的调查报告》

FOTOE / 海峰

料的红花草都吃了，青蚕豆也是吃了再说，掼麦子的时候故意不掼干净，回去自己搓麦秆。

回京后，陈云写出《母猪也应该下放给农民

私养》《种双季稻不如种蚕豆和单季稻》《按中央规定留足自留地》三个调查报告，印发 8 月下旬在庐山召开的中央工作会议，对落实调整农村政策，调动农民积极性，解决农业困难，产生了积极影响。

宝钢调查：

"大家要同心协力，把宝钢建设好"

党的十一届三中全会后不久，1979 年 3 月召开的中共中央政治局会议，决定集中 3 年时间搞好国民经济的调整，为实现四个现代化奠定更加稳固的基础。同时决定成立财政经济委员会，由陈云、李先念挂帅，统一管理全国的财政经济工作和调整工作。

陈云的议事日程上，急需处理的是上海宝山钢铁厂的问题。这是从日本引进成套设备，新建特大型钢铁企业。在确定调整国民经济的方针后，宝钢成为万众瞩目的焦点，有些人甚至认为宝钢建设是上了外国资本家的当，现在是骑虎难下。

陈云没有轻易下结论。他的办法还是调查研究。他在北京了解了许多有关宝钢的情况，又要薄一波邀集长期从事冶金工业、机械制造工业和经济工作的领导进行座谈讨论。5 月 31 日，他又亲自到上海进行调查研究，一方面听取上海市委和宝钢工程指挥部的汇报，另一方面派他办公室主任王玉清到宝钢工地现场实地考察。他还与上钢一、三、五厂和冶金局的负责同志以及生产专家进行座谈。

　　陈云边调研边考虑宝钢建设问题。最初的考虑是基本立足国内、关键设备进口；到上海开始调研时，考虑设备全部进口，还要买技术、买专利；调研后离开上海时，才确定还是按照国家计委、经委、建委、冶金部、外贸部、一机部和中国人民银行 1979 年 5 月 9 日提出的《关于宝钢建设工作安排的报告》办，继续建设，推迟进度。

　　6 月 16 日，陈云在财经委会议上讲话，要求宝钢干到底，买设备同时买技术、买专利。陈云提出："对宝钢要有严格的要求，甚至要有点苛求。""宝钢是实现四个现代化中的第一个大项目，应该做出榜样来。""总之，大家要同心协力，把宝钢建设好。"经过 7 年多建设，1985 年 9 月宝钢

★　1979年3月，陈云等人就经济调整问题联名写给党中央的信

FOTOE / 海峰

终于胜利建成投产，并以高质量、高效率、高效益，创造出世界一流钢铁企业的业绩。

除了大量的实地调查研究，陈云还提出另一种调查研究不可缺，就是"每个高中级领导干部都有敢讲真话的知心朋友和身边工作人员，通过

★ 毛泽东在党的七届七中全会上的讲话中对陈云有过评价："不要看他和平得很，但他看问题尖锐，能抓住要点。"陈云用实际行动诠释了为人民服务的精神实质。图为毛泽东题词"实事求是，努力为人民服务"

FOTOE / 吴雍

130

他们可以经常听到基层干部、群众的呼声"，这种调查研究"有'真、快、广'的特点"。他曾找两个青浦农民朋友给他写信，还要评弹界的朋友给他讲讲社会上的反映，群众的意见。

陈云每决大事，必定先作调查研究；他搞调查研究不是走形式、摆样子，而是认认真真、深入细致；他特别注意调查研究要听真话、查实情、见成效；他的调查研究不限于一时一事，而是随时的、经常的、广泛的。他在调查研究上的思想和经验，能为我们在新时代做好调查研究工作提供有益的借鉴。

作者：熊亮华

调查研究

工作笔记

调查研究

工作笔记

中办印发
《关于在全党大兴调查研究的工作方案》

新华社北京 3 月 19 日电　近日，中共中央办公厅印发了《关于在全党大兴调查研究的工作方案》，并发出通知，要求各地区各部门结合实际认真贯彻落实。

《关于在全党大兴调查研究的工作方案》全文如下。

为深入学习贯彻习近平新时代中国特色社会主义思想，全面贯彻落实党的二十大精神，党中央决定，在全党大兴调查研究，作为在全党开展的主题教育的重要内容，推动全面建设社会主义现代化国家开好局起好步。现制定如下工作方案。

一、重要意义

调查研究是我们党的传家宝。党的十八大以来，以习近平同志为核心的党中央高度重视调查研究工作，习近平总书记强调指出，调查研究是谋事之基、成事之道，没有调查就没有发言权，没有调查就没有决策权；正确的决策离不开调查研究，正确的贯彻落实同样也离不开调查研究；调查研究是获得真知灼见的源头活水，是做好工作的基本功；要在全党大兴调查研究之风。习近平总书记这些重要指示，深刻阐明了调查研究的极端重要性，为全党大兴调查研究、做好各项工作提供了根本遵循。

当前，我国发展面临新的战略机遇、新的战略任务、新的战略阶段、新的战略要求、新的战略环境。世界百年未有之大变局加速演进，不确定、难预料因素增多，国内改革发展稳定面临不少深层次矛盾躲不开、绕不过，各种风险挑战、困难问题比以往更加严峻复杂，迫切需要通过调查研究把握事物的本质和规律，找到破解难题的办法和路径。在全党大兴调查研究，是深入学习贯彻习近平新时代中国特色社会主义思想、感悟这一重要思想的真理力量和实践伟力的必然要求，是深刻领悟"两个确立"的决定性意义、坚决做到"两个维护"的具体实践，是应对新时代新征程前进路上的风浪考验、推进中国式现代化的有力举措，是时刻保持解决大党独有难题的清醒和坚定、回答"六个如何始终"的现实需要，是转变工作作风、密切联系群众、提高履职本领、强化责任担当的有效途径。

二、总体要求

在全党大兴调查研究，要坚持以习近平新时代中国特色社会主义思想为指导，全面贯彻落实党的二十大精神，紧紧围绕党的理论和路线方针政策、党中央重大决策部署的贯彻执行，大力弘扬党的光荣传统和优良作风，突出问题导向和目标导向，促进广大党员、干部特别是领导干部带头深入调查研究，不断深化对党的创新理论的认识和把握，善于运用党的创新理论研究新情况、解决新问题、总结新经验、探索新规律，扑下身子干实事、谋实招、求实效，使调查研究工作同中心工作和决策需要紧密结合起来，更好为科学决策服务，为提高党的执政能力和领导水平服务，为完成新时代新征程的使命任务服务。

在全党大兴调查研究，必须坚持党的群众路线，从群众中来、到群众中去，增进同人民群众的感情，真诚倾听群众呼声、真实反映群众愿望、真情关心群众疾苦，自觉向群众学习、向实践学习，从人民的创造性实践中获得正确认识，把党的正确主张变为群众的自觉行动。必须坚持实事求是，坚守党性原则，一切从实际出发，理论联系实际、听真话、察实情，坚持真理、修正错误，有一是一、有二是二，既报喜又报忧，不唯书、不唯上，只唯实。必须坚持问题导向，增强问题意识，敢于正视问题、善于发现问题，以解决问题为根本目的，真正把情况摸清、把问题找准、把对策提实，不断提出真正解决问题的新思路新办法。必须坚持攻坚克难，发扬斗争精神，增强斗争本领，勇于涉险滩、破难题，知难而进、迎难而上，把调查研究成果转化为推进工作、战胜困难的实际成效。必须坚持系统观念，深入实际、深入基层、深入群众调查了解情况，把握好全局和局部、当前和长远、宏观和微观、主要矛盾和次要矛盾、特殊和一般的关系，前瞻性思考、全局性谋划、整体性推进党和国家各项事业。

三、调研内容

在全党大兴调查研究，要紧紧围绕全面贯彻落实党的二十大精神、推动高质量发展，直奔问题去，实行问题大梳理、难题大排查，着力打通贯彻执行中的堵点淤点难点。各级党委（党组）要立足职能职责，围绕做好事关全局的战略性调研、破解复杂难题的对策性调研、新时代新情况的前瞻性调研、重大工作项目的跟踪性调研、典型案例的解剖式调研、推动落实的督查式调研，突出重点、直击要害，结合实际确定调研内容。主要是 12 个方面。

1. 贯彻落实党中央决策部署和习近平总书记对本地区本部门本领域工作重要指示批示精神的主要情况和重点问题。

2. 贯彻新发展理念、构建新发展格局、推动高质量发展中的重大问题，推进高水平科技自立自强，扩大国内需求、深化供给侧结构性改革、建设现代化产业体系、落实"两个毫不动摇"、吸引和利用外资，全面推进乡村振兴中的主要情况和重点问题。

3. 统筹发展和安全，确保粮食、能源、产业链供应链、生产、食品药品、公共卫生等安全，防范化解重大经济金融风险中的主要情况和重点问题。

4. 全面深化改革开放中的重大问题，重要领域和关键环节改革、推进高水平对外开放中的主要情况和重点问题。

5. 全面依法治国中的重大问题，完善中国特色社会主义法律体系、推进依法行政、严格公正司法、建设法治社会等主要情况和重点问题。

6. 意识形态领域面临的挑战，推进文化自信自强、建设社会主义文化强国和新闻舆论引导、网络综合治理中的主要情况和重点问题。

7. 推进共同富裕、增进民生福祉中的重大问题，巩固拓展脱贫攻坚成果、缩小城乡区域发展差距和收入分配差距的主要情况和重点问题。

8. 人民最关心最直接最现实的利益问题，特别是就业、教育、医疗、托育、养老、住房等群众急难愁盼的具体问题。

9. 牢固树立和践行绿水青山就是金山银山理念方面的差距和不足，推进美丽中国建设、保护生态环境和维护生态安全中的主要情况和重点问题。

10. 维护社会稳定中的重大问题，防灾减灾救灾和重大突发公共事件处置保障短板，处理新形势下人民内部矛盾和强化社会治安整体防控的主要情况和重点问题。

11. 全面从严治党中的重大问题，落实党的领导弱化虚化淡化、党组织政治功能和组织功能不够强，干事创业精气神不足、不担当不作为，应对"黑天鹅"、"灰犀牛"事件和防范化解风险能力不强，形式主义、官僚主义，特权思想和特权行为等重点问题。

12. 本地区本部门本单位长期未解决的老大难问题。

四、方法步骤

在全党大兴调查研究，分为6个步骤。

（一）提高认识。各级党委（党组）要通过理论学习中心组学习、读书班等，组织党员、干部深入学习领会习近平总书记关于调查研究的重要论述，学习习近平总书记关于本地区本部门本领域的重要讲话和重要指示批示精神，继承和发扬老一辈革命家深入基层调查研究的优良作风，增强做好调查研究的思想自觉、政治自觉、行动自觉。

（二）制定方案。各级党委（党组）要围绕调研内容，结合本地区本部门本单位实际，广泛听取各方面意见，研究制定调查研究的具体方案，明确调研的项目课题、方式方法和工作要求等，统筹安排、合理确定调研的时间、地点、人员。党委（党组）主要负责同志要亲自主持制定方案。

（三）开展调研。县处级以上领导班子成员每人牵头1个课题开展调研，同时，针对相关领域或工作中最突出的难点问题进行专项调研。要坚持因地制宜，综合运用座谈访谈、随机走访、问卷调查、专家调查、抽样调查、统计分析等方式，充分运用互联网、大数据等现代信息技术开展调查研究，提高科学性和实效性。要深入农村、社区、企业、医院、学校、新经济组织、新社会组织等基层单位，掌握实情、把脉问诊，问计于群众、问计于实践。要转换角色、走进群众，了解群众的烦心事操心事揪心事，发现和查找工作中的差距不足。要结合典型案例，分析问题、剖析原因，举一反三采取改进措施。要加强督查调研，检查工作是否真正落实、问题是否真正解决。

（四）深化研究。全面梳理汇总调研情况，运用习近平新时代中国特色社会主义思想的世界观、方法论和贯穿其中的立场观点方法，进行深入分析、充分论证和科学决策。特别是对那些具有普遍性和制度性的问题、涉及改革发展稳定的深层次关键性问题，以及难题积案和顽瘴痼疾等，要研究透彻、找准根源和症结。在此基础上，领导班子交流调研情况，研究对策措施，形成解决问题、促进工作的思路办法和政策举措，确保每个问题都有务实管用的破解之策。

（五）解决问题。对调研中反映和发现的问题，逐一梳理形成问题清单、责任清单、任务清单，逐一列出解决措施、责任单位、责任人和完成时限。对短期能够解决的，立行立改、马上就办。对一时难以解决、需要持续推进的，明确目标，紧盯不放，一抓到底，做到问题不解决不松劲、解决不彻底不放手。

（六）督查回访。各级党委（党组）要建立调研成果转化运用清单，加强对调研课题完成情况、问题解决情况的督查督办和跟踪问效；领导干部要定期对调研对象和解决问题等事项进行回访，注意发现和解决新的问题。

五、工作要求

（一）加强组织领导。各级党委（党组）要高度重视调查研究工作，作出专门部署，科学精准做好方案设计、过程实施、监督问效等各个环节工作。党委（党组）主要负责同志负总责，抓好本地区本部门本单位调查研究的推进落实；班子其他成员各负其责，抓好分管领域和分管单位的调查研究工作。领导干部要带头开展调查研究，改进调研方法，以上率下、作出示范。

（二）严明工作纪律。调查研究要严格执行中央八项规定及其实施细则精神，轻车简从，厉行节约，不搞层层陪同。要采取"四不两直"方式，多到困难多、群众意见集中、工作打不开局面的地方和单位开展调研，防止嫌贫爱富式调研。要加强调研筹，避免扎堆调研、多头调研、重复调研，不增加基层负担。要力戒形式主义、官僚主义，不搞作秀式、盆景式和蜻蜓点水式调研，防止走过场、不深入。要在调查的基础上深化研究，防止调查多研究少、情况多分析少，提出的对策建议不解决实际问题。对违反作风建设要求和廉洁自律规定的，要依规依纪严肃问责。

（三）坚持统筹推进。对表现在基层、根子在上面的问题，对涉及多个地区或部门单位的问题，上下协同、整体推动解决。统筹当前和长远，发现总结调查研究的有效做法和成功经验，完善调查研究的长效机制，使调查研究成为党员、干部的经常性工作，在全党蔚然成风、产生实效。

（四）加大宣传力度。充分利用党报、党刊、电视台、广播电台、网络传播平台等，采取多种多样的宣传形式和手段，大力宣传大兴调查研究的重要意义和各地区各部门各单位大兴调查研究的具体举措、实际成效，凝聚起大兴调查研究的共识和力量，营造浓厚氛围。

MEMO NO.
DATE   /   /

MEMO NO.
DATE   /   /

MEMO NO. _____
DATE   /   /

MEMO NO. _____
DATE   /   /

MEMO NO. ....
DATE   /   /

MEMO NO.
DATE   /   /

MEMO NO. _____
DATE   /   /

MEMO NO. _____
DATE   /   /

MEMO NO. _____
DATE   /   /

MEMO NO.

DATE   /   /

MEMO NO.
DATE   /   /

MEMO NO. _____
DATE   /   /

MEMO NO.
DATE   /   /

MEMO NO. _____
DATE   /   /

MEMO NO.
DATE   /   /

MEMO NO.
DATE   /   /